Este libro le pertenece a:

_____

Este libro está dedicado a mis hijos – Mikey, Kobe y Jojo.
Cuando eres dueño de tu aliento, nadie puede robarte la calma.

Ninja Life Hacks™

El Ninja Tranquilo

Por Mary Nhin

Me gané el apodo, Lechuguín, porque soy tan fresco como una lechuga.

Y eso es porque sin importar las circunstancias, puedo estar muy tranquilo.

Por ejemplo...

Cuando descubrí que mi hermano usaba mis cosas sin preguntar, simplemente dije...

Cuando aprendí a tocar un instrumento nuevo, comenté...

¡Ok, esto puede tardar un rato!

Soy muy tranquilo, pero hubo un tiempo en que realmente podía ser bastante impaciente.

Mientras hacía la tarea, me ponía ansioso y decía...

Un día, mi amigo, el Ninja Agradecido, me presentó una estrategia para ayudarme a sentirme más tranquilo.

Sé que te has sentido estresado. Hay algo que hago a diario que me ayuda a afrontar mejor los retos de la vida. Ralentiza mi respiración para que pueda tomar mejores decisiones a lo largo del día.

¿Qué es?
Ok. Te contaré mi secreto. Se llama el ninja yoga flow. ¿Quieres intentarlo?
¡Claro! Hagámoslo.

El Ninja Yoga Flow

Puedo estar alto como una montaña.

Puedo doblarme como un gato.

Cuando exhalo, puedo mugir como una vaca.

Aquí está mi perro hacia abajo.

Puedo deslizarme como una cobra.

Soy valiente como un guerrero.

Soy fuerte como un barco.

Soy tan poderoso como un león.

Ahora, soy un puente.

Aquí está mi luna.

Mi plancha ayuda a mi espalda y estómago.

Puedo ponerme en la postura de bebé.

Al día siguiente, tenía varias cosas que hacer, y empecé a entrar en pánico.

De repente, recordé algo.

Decidí practicar los ejercicios de yoga
y respiración que aprendí.

¿Y sabes lo que pasó?

¡Así es! Mantuve la calma todo el día y todos los días, a partir de entonces.

Pronto fui conocido como el ninja más tranquilo de todos.

Sólo respira

Tu mente tranquila es el arma definitiva
contra los desafíos de la vida.

¡Visita ninjalifehacks.tv para obtener imprimibles divertidos gratis!

@marynhin   @officialninjalifehacks
#NinjaLifeHacks

Mary Nhin   Ninja Life Hacks

Ninja Life Hacks

@officialninjalifehacks

www.ingramcontent.com/pod-product-compliance
Lightning Source LLC
Chambersburg PA
CBHW042023090426
42811CB00016B/1716